Luisa Viehe

"Argumentation" als Unterrichtsthema in der Klassenstufe 8

GRIN Verlag

Bibliografische Information der Deutschen Nationalbibliothek:

Die Deutsche Bibliothek verzeichnet diese Publikation in der Deutschen National-
bibliografie; detaillierte bibliografische Daten sind im Internet über http://dnb.d-
nb.de/ abrufbar.

Impressum:

Copyright © 2011 GRIN Verlag GmbH
Druck und Bindung: Books on Demand GmbH, Norderstedt Germany
ISBN: 978-3-656-14072-6

Dieses Buch bei GRIN:

http://www.grin.com/de/e-book/188763/argumentation-als-unterrichtsthema-in-
der-klassenstufe-8

GRIN - Your knowledge has value

Der GRIN Verlag publiziert seit 1998 wissenschaftliche Arbeiten von Studenten, Hochschullehrern und anderen Akademikern als eBook und gedrucktes Buch. Die Verlagswebsite www.grin.com ist die ideale Plattform zur Veröffentlichung von Hausarbeiten, Abschlussarbeiten, wissenschaftlichen Aufsätzen, Dissertationen und Fachbüchern.

Besuchen Sie uns im Internet:

http://www.grin.com/

http://www.facebook.com/grincom

http://www.twitter.com/grin_com

1. Lehr- und Lernvoraussetzungen

1.1 Institutionelle Bedingungen

Die F-Realschule liegt in der ländlichen Kleinstadt G, die zum Landkreis L gehört. Sie gehört, wie die Hauptschule und eine Förderschule, zum Schulzentrum. Die Schule ist in zwei Gebäuden untergebracht, einem Altbau und einem Neubau.

Momentan wird die Schule renoviert, sodass einige Klassen in Container und andere Räume umquartiert worden sind. Ebenso die Klasse 8, die momentan in einem großen, technisch sehr gut ausgestatteten, modernen Raum untergebracht ist.

Die Tische sind jeweils einzeln in drei Spalten angeordnet.

An der F-Realschule wird der Unterricht in Doppelstunden gehalten; währenddessen erfolgt kein Pausensignal.

1.2 Anthropologische Bedingungen

Die Klasse 8 der F-Realschule wird von insgesamt 26 Schülern besucht, 10 Mädchen und 16 Jungen.

1.3 Situative Bedingung

Der Unterricht findet in der zweiten Stunde des Tages statt. Die erste Stunde wurde von Frau Cimander, einer Kommilitonin aus meiner Praktikumsgruppe, gehalten. Die Tatsache, dass sich die Schüler bereits so früh am Morgen auf zwei verschiedene unbekannte Lehrkräfte einstellen müssen, ist für sie ungewohnt und erfordert ein hohes Maß an Aufmerksamkeit und Konzentration.

2. Sachanalyse

Das Erlangen der Fähigkeit, erfolgreich argumentieren zu können, stellt einen wichtigen Bestandteil der Deutschdidaktik dar.

„Allerorten begegnet man Situationen, in denen Argumentieren einen wesentlichen Bestandteil der verbalen Interaktion ausmacht: im beruflichen Kontext bei der Darlegung von fachlichen Inhalten oder dem gemeinsamen Erarbeiten von Wissensgebieten mit Kollegen, im öffentlichen oder politischen Bereich bei

Diskussionen und im privaten Raum in der Auseinandersetzung oder Problemerarbeitung mit Partnern und Kindern."[1]

Im Alltag kann es oft und leicht zu verbalen Auseinandersetzungen kommen, selbst wenn es um die Lösung noch so kleiner trivialer Konflikte geht. In solchen Situationen ist es sinnvoll und nötig, Vor- und Nachteile einer Sache anhand von Argumenten und deren Belegen aufzuzeigen, um so andere von der eigenen Meinung zu überzeugen. Andererseits ist es ebenso wichtig, erkennen zu können, ob jemand stichhaltige, tatsächlich belegbare Argumente aufzuweisen hat, oder ob es sich bei seinen Äußerungen lediglich um populistische Ausführungen handelt, wie sie nicht nur aus der Vergangenheit bekannt sind.

„Die Fähigkeit, argumentieren zu können, ist [somit] eine gesellschaftlich relevante Fähigkeit, und insofern hat Argumentation und ihre Einübung im schulischen Unterricht durchaus ihre Berechtigung."[2]

3. Didaktische Analyse

3.1 Einbettung der Stunde in das Gesamtkonzept

Diese Unterrichtseinheit folgt einer Lektüreeinheit, in der die Klasse das Buch „Die Wolke" von Gudrun Pausewang anlässlich des Atomkraftwerkunfalls in Japan las.

Den Grundstein für diese Stunde legt die vorangegangene Stunde, welche sich mit der Einführung des Themas „Argumentieren" befasste. Frau Cimander hat, nach vorheriger Gruppenarbeit zum Sammeln von Argumenten, eine Diskussionsrunde im Fishbowl-Stil mit der Klasse veranstaltet. Thema dieser Diskussion war „Markenkleidung hat an unserer Schule nichts verloren!".
Somit sind die Grundlagen für die folgende Stunde zur Einführung von „These, Argument und Beleg" gegeben. Die Schülerinnen haben Pro- und Contra-Argumente gesammelt, die nun weiter verwendet werden können. Das Ziel dieser Stunde ist, dass die Schülerinnen und Schüler erkennen, was man für eine korrekte Argumentation benötigt.

---

[1] vgl. http://www.uni-koblenz.de/~diekmann/zfal/zfalarchiv/zfal30_2.pdf (Stand: 26.06.11, 12:24 Uhr)
[2] vgl. ebd.

Die nachfolgenden Stunden werden das Verbinden von Argumenten während einer Podiumsdiskussion und im Verfassen eines Leserbriefs beinhalten.

3.2 Bezug zum Bildungsplan

Das Argumentieren ist laut aktuellem Bildungsplan sowohl im Arbeitsbereich „Sprechen", als auch im Arbeitsbereich „Schreiben" zu finden. Sprache dient als Mittel der Verständigung und wird unter anderem genutzt um „Gesprächs- und Argumentationsformen" zu üben, sowie um „Konfliktlösestrategien" zu entwickeln[3]. Dies trägt auch dazu bei, die soziale Kompetenz der Schülerinnen und Schüler zu stärken.

Im Bereich des Sprechens sollen die Schülerinnen und Schüler am Ende der Klasse acht in der Lage sein, „sich sachlich und sprachlich angemessen mit Argumenten anderer auseinander[zu]setzen" und „ihren eigenen Standpunkt sachlich darlegen und begründen"[4] können. Ebenso wird erwartet, dass Diskussionsregeln eingehalten und akzeptiert werden.

Im Bereich des Schreibens soll in der achten Klasse das Setzen von Schreibzielen und das „adressaten- und situationsbezoge[ne] Schreiben"[5], zu dem auch das Argumentieren hört, gelernt werden.

3.3 Begrenzung des Stundeninhalts

Das Thema „Argumentation" bedarf besonderer Aufmerksamkeit. Die Begründung dafür ergibt sich aus der Zusammengehörigkeit von „These", „Argument" und „Beleg" (kurz: TAB). Um die Schüler mit diesen komplexen, für sie noch undurchschaubaren Zusammenhängen nicht zu überfordern, beschränke ich mich in dieser Stunde darauf, die einzelnen Punkte zu differenzieren, sodass die Schülerinnen und Schüler in lernen, deren Bedeutung zu erkennen und unterscheiden.

In einer Folgestunde soll dieses theoretische Wissen praktisch angewendet werden.

---

[3] vgl. Bildungsplan Baden-Württemberg 2004 – Realschule, S. 48
[4] vgl. ebd., S. 52
[5] vgl. ebd.

4. Lernziele

Die Lernziele lassen sich in die folgende Bereiche gliedern:

4.1 Kognitiver Bereich

Die Schüler sollen:

- lernen, was „These", „Argument" und „Beleg" sind
- sollen TAB erkennen und unterscheiden
- verstehen, nach welchen Kriterien man richtig argumentiert
- in der Lage sein, das Gelernte anzuwenden

4.2 Methodischer Bereich

Die Schüler sollen:

- das Material ruhig und konzentriert bearbeiten
- Sie können das Gelernte (eventuell auch mithilfe ihres Merkblatts) anwenden.
- Die Schülerinnen und Schüler sollen die eingeprägten Argumente der vorangegangenen Stunde verschriftlichen.

4.3 Sozialer Bereich

Die Schüler sollen:

- dem Lehrer und sich gegenseitig zuhören
- lernen, Meinungen und Argumente anderer zu akzeptieren

5. Methodische Analyse

5.1 Einstieg/ Hinführung

Zu Beginn der Stunde werden rote und grüne Karten an die Schülerinnen und Schüler, die in der vorherigen Stunde nicht aktiv an der Diskussion „Markenkleidung hat an unserer Schule nichts verloren!" beteiligt waren, verteilt. Diese sollen nun einige der genannten Pro- und Contra-Argumente auf die Karten schreiben (grün: pro, rot: contra). Anschließend werden diese Karten, nach pro und contra geordnet, an die Tafel gehängt.

5.2 Erarbeitung und Vertiefung

Die aufgehängten Karten legen den Grundstein für die Erarbeitungsphase. Die Schülerinnen und Schüler sollen nun die Argumente miteinander vergleichen und entdecken, dass Argument nicht gleich Argument ist und sich in die Kategorien „These", „Argument" und „Beleg" einteilen lassen. Daher wird die Tafel nach diesen Kriterien in drei Teile geteilt und die Schülerinnen und Schüler sollen die bisher ungeordneten Karten richtig zuordnen.

Zur Festigung des neu Gelernten erhalten die Schüler ein Merkblatt mit dem, für sie gut nachvollziehbaren und ansprechenden, Beispiel „Es ist sinnvoll regelmäßig Sport zu treiben". Um die Schüler zu motivieren ist es wichtig, dass man Inhalte wählt, die für sie interessant sind und mit denen sie sich identifizieren können.

Um die neuen Inhalte anzuwenden wird ein Arbeitsblatt ausgeteilt, auf dem eine Tabelle, in der jeweils nur „These", „Argument" oder „Beleg" zu drei verschiedenen Themen gegeben ist, ergänzt werden soll. Auch hier wurden Themen gewählt, mit denen sich die Schülerinnen und Schüler wahrscheinlich selbst im Alltag auseinandersetzen. Bevor das Arbeitsblatt bearbeitet wird, erfolgt eine kurze Erklärung zur Aufgabenstellung.

Nach dieser Arbeitsphase erfolgt eine Besprechung zur Ergebnissicherung. Dazu wird das Arbeitsblatt zur Visualisierung als Folie via Overheadprojektor an die Wand projiziert, damit die Schülerinnen und Schüler ihre Ergebnisse gegebenenfalls verbessern und ergänzen können.

Im Anschluss daran erfolgt eine kurze Verabschiedung und die Schülerinnen und Schüler werden in die Pause entlassen.

6. Geplanter Unterrichtsverlauf in tabellarischer Form

Datum: 17.05.2011

Klasse: 8

Fach : Deutsch

Thema: Argumentieren → These, Argument, Beleg

Zeit	Lehrer – Schüler Aktivität	Medien	Sozialform	Methodisch-didaktischer Kommentar
	Übergang → Lehrerwechsel			
ca. 10 min 8.40 Uhr	*Einstieg* Schüler sollen je ein Argument zum Thema „Markenkleidung" auf einen Zettel schreiben, diese „Argumente" werden gemeinsam an der Tafel miteinander verglichen	Tafel, Schilder mit „Argumenten"	kurz: Einzelarbeit dann: Klassengespräch	Schüler sollen merken, dass nicht alle „Argumente" gleich sind, dass sie sich in verschiedene Kategorien einteilen lassen
ca. 5-10 min 8.50 Uhr	*Erarbeitungsphase* Lehrer eröffnet drei Kategorien: These, Argument, Beleg → Schüler sollen die Schilder zuordnen	Tafel, Schilder mit „Argumenten"	Klassengespräch	Schüler sollen erkennen und verstehen, nach welchen Kriterien man richtig argumentiert
ca. 5 min 8.55 Uhr	*Festigung* Lehrer teilt ein Merkblatt aus, es wird gemeinsam gelesen und besprochen	Merkblatt	Klassengespräch	Kurze Wiederholung des Vorangegangenen; Schüler haben ein Merkblatt zum Thema „Argumentieren" in ihrem Ordner
ca. 15-20 min 9.10 Uhr	*Arbeitsphase* Schüler bearbeiten ein Arbeitsblatt zum Thema „Argumentieren"	Arbeitsblatt	Einzel- oder Partnerarbeit	Schüler sollen das Gelernte anwenden und durch das Lösen des Arbeitsblattes verinnerlichen

ca. 5 -10 min 9.20	Ergebnissicherung Besprechung des Arbeitsblatts	Arbeitsblatt	Klassengespräch	Schüler können ihre Ergebnisse vergleichen und kontrollieren, ob sie die Aufgaben richtig haben

7. Materialien

7.1 Merkblatt

 **Argumentieren**

Wer seine Meinung überzeugend vertreten will, muss argumentieren.
Eine **Argumentation** besteht aus drei Teilen:

---

1. **These** (Behauptung): Es ist sinnvoll, regelmäßig Sport zu treiben.

2. **Argument** (Begründung): Man fühlt sich besser und wird seltener krank.

3. **Beleg** (Beispiel): Ärzte haben herausgefunden, dass durch Sport das Risiko für Krebserkrankungen, Herzinfarkte, Schlaganfälle und andere Krankheiten gesenkt wird.

➔ Gute **Argumente** sind wichtig und **Belege** sind wichtig für eine überzeugende **Argumentation**. Damit entkräftet man **Gegenargumente**!

7.2 Arbeitsblatt

Ergänze die fehlenden Teile!

	These	Argument	Beleg
1	Es sollte verboten werden, ins Solarium zu gehen.		
2		Man verliert nicht den Überblick über die Handykosten.	
3			In Deutschland sterben jährlich rund 140.000 Menschen an den Folgen des Nikotinkonsums.

8. Reflexion der gehaltenen Unterrichtsstunde

Insgesamt bin ich nicht zufrieden mit dieser, von mir gehaltenen Unterrichtsstunde, da sie nicht nach Plan verlief.

Das erste Problem ergab sich beim Sammeln der zuvor gehörten Argumente, da diese sich beim Aufschreiben durch verschiedene Schüler wiederholt haben und es daher nicht möglich war, anhand dieser Argumente das Thema „These", „Argument" und „Beleg" zu erschließen. Also musste ich improvisieren und schrieb ergänzend an die Tafel, was Unruhe verursachte, da ich mich dabei von der Klasse abwenden musste. Ich hatte zwar für diesen Fall Karten mit TAB vorbereitet, doch war es dann nicht genau zu dem Thema, das Frau Cimander zuvor mit den Schülerinnen und Schülern bearbeitet hatte. Eventuell hätte ich trotzdem meine vorbereiteten Karten nehmen und/oder mich vorher ausreichend informieren sollen. Die Improvisation meinerseits brachte mich leider so sehr aus dem Konzept, dass ich bei der Zuordnung der Argumente in TAB sogar falsche, von den Schülern genannte, Antworten als richtig bewertete. Nach einigen Beispielen und einem darauf folgenden Merkblatt, bei dem die Schüler keine Fragen zum Verständnis stellten, ebenso wie bei der Vorstellung des zu bearbeitenden Arbeitsblattes, musste ich leider dennoch feststellen, dass das von mir gesetzte Lernziel nicht erreicht wurde. Die Schülerinnen und Schüler verstanden zunächst weder meine Aufgabenstellung, noch wussten sie konkret, wie das gestellte Arbeitsblatt zu bearbeiten war. Glücklicherweise konnte man diese Unklarheiten weitestgehend beseitigen, sodass der Großteil der Klasse dann mithilfe des Merkblatts die Aufgaben lösen konnte. Man hätte den Arbeitsauftrag klarer formulieren oder eventuell auch ein Beispiel auf dem Arbeitsblatt bringen sollen. Bei der anschließenden Besprechung stellt sich heraus, dass einige Lösungen nicht ganz ersichtlich waren bzw. mehrere korrekte Antworten, je nach Standpunkt, möglich waren. Dies hätte sich auch durch andere Formulierungen oder ein anderes Thema vermeiden lassen. Da die Hinführung zum Thema nicht so ablief, wie ich mir das vorgestellt hatte, blieb am Ende der Stunde zu viel Zeit übrig. Dies hätte sich mit vorbereitetem Zusatzmaterial vermeiden lassen können. Mir blieb also kaum etwas anderes übrig, als die Schülerinnen und Schüler vorzeitig in die Pause zu entlassen. Aus dieser Stunde habe ich gelernt, dass man, um sich abzusichern, auf alles vorbereitet sein muss, d.h. immer zusätzliches

Material parat haben, falls jemand bzw. alle früher fertig sind als erwartet oder falls etwas nicht so abläuft wie ursprünglich geplant.